Nicole Wolfanger-von Kleist

Schminkspaß für Kinder

ENGLISCH VERLAG

Danksagung: Ganz herzlich bedanken möchten wir uns bei unseren Models Kira, Alisa, Fabiola, Kalina, Jenny, Andreas, Matthias und Mailin. Die Masken erstellten Nicole Wolfanger-von Kleist und Sandra Loos.

Die Deutsche Bibliothek – CIP-Einheitsaufnahme

Schminkspaß für Kinder / Nicole Wolfanger-von Kleist. – Wiesbaden: Englisch, 1999
ISBN 3-8241-0959-X

Inhaltsverzeichnis

Vorwort

Mit diesem Buch können Sie sich in die Welt des Face-Paintings begeben, ohne dass Sie Vorkenntnisse benötigen. Lassen Sie sich einfach von unseren Erfahrungen inspirieren.

Die Masken des Buches sind so gewählt, dass Sie mit geringem Aufwand tolle Erfolge erzielen können. Jede vorgestellte Maske kann aber auch beliebig aufgepeppt werden, sodass sie zu einem kleinen und – wenn Sie sie auf einem Foto festhalten – unvergänglichen Kunstwerk wird. Je öfter Sie schminken und je mehr Erfahrungen Sie dabei sammeln, desto selbstbewußter und schneller wird auch Ihr Pinselstrich.

Viele Menschen werden einfach Spaß daran haben, Ihnen zuzuschauen, wie leicht Ihnen diese Masken von der Hand gehen und auch Ihre Phantasie bewundern. Mit dieser Kunst werden Sie anderen Menschen viel Freude bereiten.

Wir wünschen viel Erfolg beim Schminken von Kindern und Erwachsenen

Nicole Wolfanger-von Kleist
und Sandra Loos

Material

Für die Gesichtsbemalung benötigen Sie:
* wasserlösliche Eulenspiegel Profi-Schminkfarben
* Schminkpinsel mit Synthetikfasern
* Schwämmchen
* Polyesterglitzer
* irisierenden Puder
* Zahnwachs
* flüssiges Filmblut
* Wassersprühflasche
* Kosmetik- oder Babytücher
* Servietten
* Spiegel
* Schminktisch und -stuhl

Wenn Sie viele Schminkmasken arbeiten, bietet es sich an, mit flüssiger und fester wasserlöslicher Farbe kombiniert zu malen. Auf diese Weise sparen Sie enorm viel Zeit. Der Vorteil der wasserlöslichen Schminkfarbe liegt in ihrer reichen Pigmentierung und der großen Farbauswahl an Standard- und Perlglanz-Farben. Außerdem trocknet die wasserlösliche Farbe schnell auf der Haut und verschmiert anschließend nicht mehr. Darüber hinaus lassen sich diese Farben hervorragend untereinander mischen und sind einfach mit Wasser und Seife zu entfernen.

Auch für Allergiker sind diese Farben gut geeignet. Sie sollten lediglich darauf achten, dass möglichst keine Parfümstoffe enthalten sind. Als Schminkpinsel eignen sich Rundpinsel, Flachpinsel und V-gebundene sogenannte Katzenzungenpinsel. Als Universalpinsel hat sich der Rundpinsel Größe 3 gut bewährt; der V-gebundene Pinsel eignet sich hervorragend als Lippenpinsel. Das klassische Make-up-Schwämmchen ist für das Grundieren größerer Gesichtsflächen ideal. Schneiden Sie die handelsüblich angebotene runde Form in der Mitte durch. Das halbierte Schwämmchen ermöglicht es, die Farbränder exakt zu ziehen. Auch die Profi-Make-up-Schwämmchen, die in ihrer Form einem Käselaib ähneln, sollten Sie vor Gebrauch in der Mitte teilen. Diese Schwämmchen sind großporiger und etwas fester. Außerdem sind sie an der Seite abgerundet, d. h. ohne Kante. Latex-Schwämmchen in Keilform sind eine Alternative, um besonders exakte Übergänge zu schminken. Ganz allgemein gilt sowohl für die verschiedenen Pinsel als auch für die Schwämmchen: Verwenden Sie diejenigen Größen und Ausführungen, mit denen Sie am besten zurechtkommen.

Polyesterglitzer setzt für jede Maske Glanzlichter. Neben vielen verschiedenen Farbtönen von Himmelblau bis Nachtschwarz gibt es auch den besonders prächtigen holographischen Glitzer, der im Handel als Juwel-Glitzer erhältlich ist. Diesen erhalten Sie in den Partikelgrößen fein, mittel und grob. Vorsicht

ist jedoch bei Metall- oder Acryl-Glitter geboten. Dieses Material wird zwar oft zum Basteln verwandt, für die Haut ist es jedoch auf gar keinen Fall geeignet. Qualitätsgeprüfter Polyesterglitzer (achten Sie auf das CE-Kennzeichen) hingegen ist für Haut und Schleimhäute unbedenklich. Dies gilt auch dann, wenn versehentlich einmal etwas davon verschluckt werden sollte.

Irisierenden Puder können Sie trocken oder mit Wasser angefeuchtet auftragen. Trocken erscheint irisierender Puder transparent wie Lidschatten; feucht aufgetragen wirkt der Puder sehr kräftig bis grell in seiner Farbgebung. Wenn Sie irisierenden Puder hauchdünn und trocken auf die fertige Maske auftragen, erzeugt der Puder einen tollen Perlglanz-Effekt.

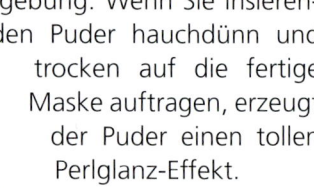

Zum Darstellen fauler Zähne eignet sich Zahnwachs in schwarzer Farbe. Der Vorteil gegenüber dem ebenfalls erhältlichen Zahnlack liegt darin, dass Zahnwachs leichter aufgetragen werden kann, keine Flecken auf künstlichen Zähnen hinterlässt und ohne Alkohol wieder abzulösen ist. Flüssiges Filmblut kann unverdünnt direkt aus der Flasche aufgetragen werden. Cake-Blut wird mit Wasser verrührt und kann zum Beispiel zur Darstellung blauer Flecken mit einem Schwämmchen aufgetragen werden. Um eine blutende Wunde möglichst realistisch zu schminken, wird Cake-Blut mit einem Pinsel (feuchten Sie den Pinsel gut an) aufgetragen, sodass es noch läuft. Cake-Blut trocknet nach ca. einer Viertelstunde.

Mit einer Wassersprühflasche können Sie am gleichmäßigsten die Oberfläche Ihres Schminkschwämmchens befeuchten. Benutzen Sie hierfür immer die feinzerstäubende Düse Ihrer Sprühflasche. Diese Methode ist wesentlich hygienischer als Schminkschwämmchen in das Wasser zu tupfen, das zum Auswaschen der Pinsel bestimmt ist.

Zum Vorreinigen der zu schminkenden Hautpartien und zum Korrigieren einer Maske eignen sich Kosmetik- oder Babytücher hervorragend. Verwechseln Sie sie aber nicht mit Öltüchern!

Schließlich benötigen Sie noch Servietten zum Abstreifen der Pinsel nach jedem Auswaschen der Farben, einen Spiegel zum Vorführen der Maske, einen Schminktisch (z. B. einen mit bunter Folie beklebten Campingtisch zum schnellen Auf- und Abbau) sowie einen Schminkstuhl, der möglichst hoch und mit Lehne sein sollte.

Tipp: Um das Auflegen von Masken einfach einmal auszuprobieren, reicht als Grundausstattung eine Schminkpalette mit 8 oder 12 Farben, Polyesterglitzer, ein oder zwei Schminkschwämmchen und ebensoviele Pinsel. So ausgerüstet können Sie schon ca. 70 Gesichter schminken.

Alle Materialien, die von uns aufgeführt werden, werden Sie am Anfang nicht brauchen. Experimentieren Sie, und finden Sie heraus, was Ihnen gut gefällt und womit Sie gut zurechtkommen.

Materialvorbereitung und -pflege

Damit Sie Ihr Material immer wieder verwenden können, sollten Sie folgende Dinge beachten:

✳ Lassen Sie Ihre Pinsel nicht im Wasser stehen.

✳ Schwämme können in der Waschmaschine bei 60 °C gewaschen werden. Für die Handwäsche benutzen Sie ein sanftes Spülmittel oder Shampoo. Achten Sie beim Auswaschen darauf, dass keinerlei Seifenrückstände im Schwamm zurückbleiben, um etwaige allergische Reaktionen bei den Kindern, die Sie schminken, zu vermeiden. Die Schwämmchen müssen nach jedem Einsatz für den nächsten Gebrauch getrocknet werden.

✳ Lagern Sie die Farbe trocken.

✳ Rollen Sie die Pinsel auf der Serviette trocken, rubbeln Sie sie auf keinen Fall.

✳ Säubern Sie Schminkdosen nach dem Gebrauch sorgfältig, indem Sie den Rand abwischen.

✳ Falls eine Farbe in der Dose sehr feucht geworden ist, z. B. durch zu nasse Schwämmchen, lassen Sie die Dose ein paar Stunden offen stehen, damit die Farbe trocknen kann.

Stellen Sie die Dose aber nicht direkt in die Sonne.

Schminktipps

Hier sind einige Tipps, die Ihnen das Anlegen der Masken erleichtern:

✳ Auch die Haare können Sie mit der wasserlöslichen Schminkfarbe problemlos colorieren. Dazu verwenden Sie am besten ein Schwämmchen oder eine Zahnbürste.

✳ Tolle Effekte erzielen Sie, indem Sie auf eine Farbe den entsprechenden Glitzer auftragen, z. B. beim Tiger orangefarbenen Glitzer.

✳ Phantasiemasken, wie „Schmetterling", lassen sich farblich beliebig variieren.

✳ Beim Auftragen der Farben sollten Sie immer von innen nach außen arbeiten.

✳ Um die Farben deckend aufzutragen, tupfen Sie diese mit dem Schwamm auf.

Wenn die Farben durchscheinend wirken sollen, tragen Sie sie wischend mit dem Schwamm auf.

✳ Feinen Glitzer streuen Sie direkt auf das Gesicht (am besten, solange die Grundierung noch nicht getrocknet ist).

Groben Glitzer, z. B. groben Juwel-Glitzer, sollten Sie mit einem feuchten Pinsel aufrollen.

✳ Tragen Sie immer die Grundierung zuerst auf und konturieren Sie dann. Sie sollten niemals zuerst die äußere Konturlinie auftragen und dann mit dem Schwämmchen die Innenflächen ausmalen.

✳ Tragen Sie möglichst immer die hellste Farbe zuerst auf.

Fröhliche Gesellen und Phantasiemasken

Clown

Material
* Farben in Weiß, Königsrot, Himmelblau, Smaragdgrün und Gelb
* Juwel-Glitzer (mittel)

Anleitung

Schritt I
Tragen Sie mit einem halbierten Schwamm die weiße Grundierung auf.

Schritt II
Umranden Sie die weiße Grundierung mit Rot und Blau. Bringen Sie an den Augenwinkeln kleine Schnörkel an.

Schritt III
Malen Sie in Rot die Bäckchen und einen Punkt auf die Nase. Die gleiche Farbe tragen Sie auf die Lippen auf. Mit Grün zeichnen Sie an den Schnörkeln der Augenwinkel kleine Punkte ein und an den Mundwinkeln ein Lächeln. Zuletzt tragen Sie noch etwas gelbe Farbe unterhalb der roten Augenumrandung auf und streuen Juwel-Glitzer über die gesamte Maske.

Tiger

Material
✳ Farben in Weiß, Perlglanz-Orange, Perlglanz-Gelb und Schwarz
✳ Glitzer in Gold oder Goldenorange

Anleitung
Schritt I
Tragen Sie mit einem Schwämmchen eine Grundierung in Weiß auf.
Schritt II
Malen Sie mit Orange die freien Flächen aus. Geben Sie mit einem Schwämmchen Gelb über das Orange.
Schritt III
Konturieren Sie mit einem Pinsel und schwarzer Farbe die Augengrundierung. Tragen Sie Schnurrbarthaare, Punkte und Nasenspitze auf, und bemalen Sie die Lippen. Schließlich zeichnen Sie noch weiße Streifen zwischen die Schnurrbarthaare und auf die Nase. Streuen Sie Glitzer in Gold oder Orange auf.

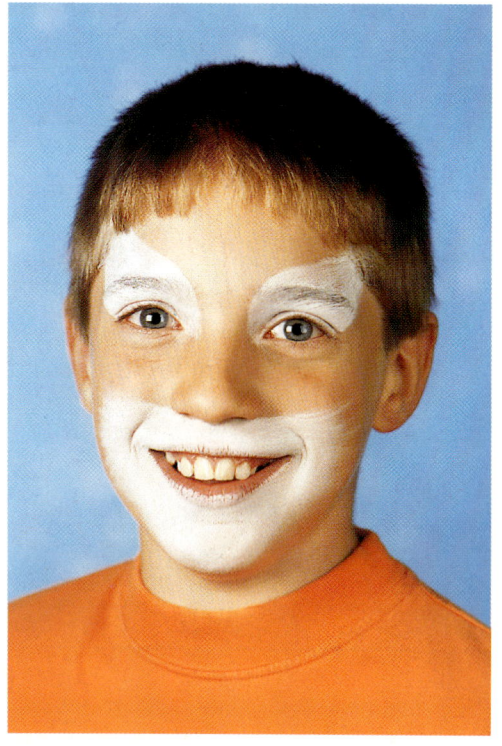

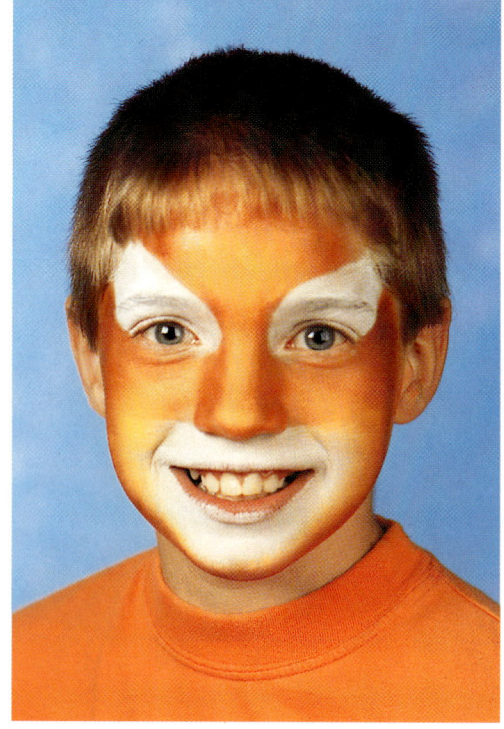

Nixe

Material

* Farben in Türkis, Perlglanz-Blau, Himmelblau, Goldenorange oder Perlglanz-Orange, Weiß, Hellpink und Smaragdgrün
* Glitzer in Perlmutt, Goldenorange, Rosé, Smaragdgrün und Himmelblau

Schritt II

Ebenfalls mit einem Pinsel malen Sie auf einer Seite der Stirn einen Seestern in Orange; auf die Wange der anderen Gesichtshälfte zeichnen Sie einen Delphin. Legen Sie mit Weiß Konturlinien an und malen in den verschiedenen Blautönen ei-

Anleitung

Schritt I

Grundieren Sie mit einem Schwämmchen das ganze Gesicht in Türkis und anschließend in Perlglanz-Blau.

So lange die Farbe noch feucht ist, bestreuen Sie das ganze Gesicht mit Perlmutt-Glitzer.

Dann wird mit einem Pinsel das Augendesign aufgetragen. Orientieren Sie sich dabei an der Abbildung.

nige Wasserspritzer. Auf den Seestern wird Glitzer in Orange und auf den Delphin Glitzer in Himmelblau gestreut.

Schritt III

Malen Sie nun mit einem Pinsel die Form der Wasserpflanzen. Verwenden Sie hierfür Smaragdgrün. Setzen Sie kleine Akzente in Himmelblau und Weiß und tupfen smaragdgrünen Glitzer auf. Abschließend schminken Sie die Lippen in Hellpink und geben etwas roséfarbenen Glitzer darauf.

Feuervogel

Material
* Farben in Perlglanz-Gelb, Perlglanz-Orange, Perlglanz-Pink, Lila, Hellrot, Rot, Schwarz
* Juwel-Glitzer (grob)

Anleitung

Schritt I

Grundieren Sie etwa dreiviertel des Gesichts in Gelb, Orange und Pink. Die Stelle, auf die später der Vogel aufgemalt wird, sollte mit Orange kräftiger hervorgehoben werden.

Schritt II

Zeichnen Sie die Flügel und Schwanzfedern in Gelb, Pink und Lila ein. In den gleichen Farben tragen Sie auf der anderen Gesichtshälfte Schnörkel und Verzierungen auf. Sie können nun etwas Juwel-Glitzer mit dem Pinsel aufrollen.

Schritt III

Fügen Sie mit hellroter Farbe in S-Form Kopf und Hals an, und konturieren Sie die Flügel und Schwanzfedern. In Rot malen Sie auf der anderen Gesichtshälfte einige Schnörkel auf.

Malen Sie die Lippen in Rot und den Schnabel in Gelb. Als Auge zeichnen Sie einen schwarzen Punkt auf die entsprechende Stelle. Rollen Sie Juwel-Glitzer mit dem Pinsel auf.

Tipp: Sie können diese Maske stärker betonen, wenn Sie den Vogel in Lila oder in Schwarz konturieren.

Anhand dieser und der vorhergehenden Seite können Sie sehen, wie unterschiedlich ein und dieselbe Person durch verschiedene Masken wirken kann (s. S. 13).

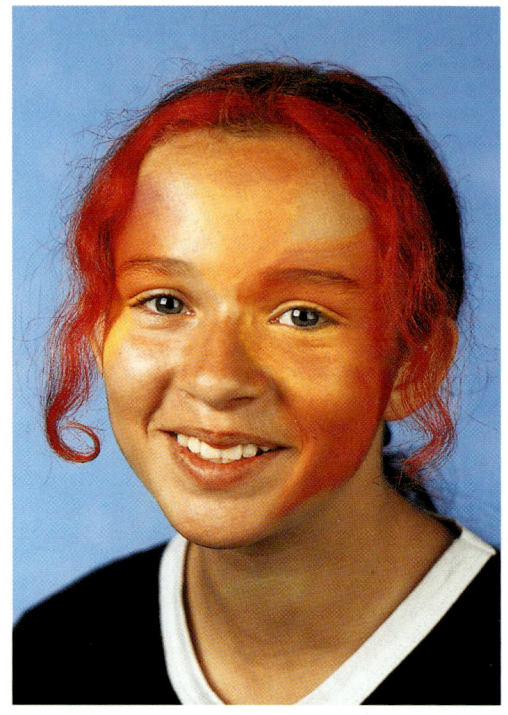

Schmetterling

Material
* Farben in Perlglanz-Orange, Perlglanz-Pink, Perlglanz-Gelb, Hellpink, Hellrot und Lila
* Glitzer in Perlmutt

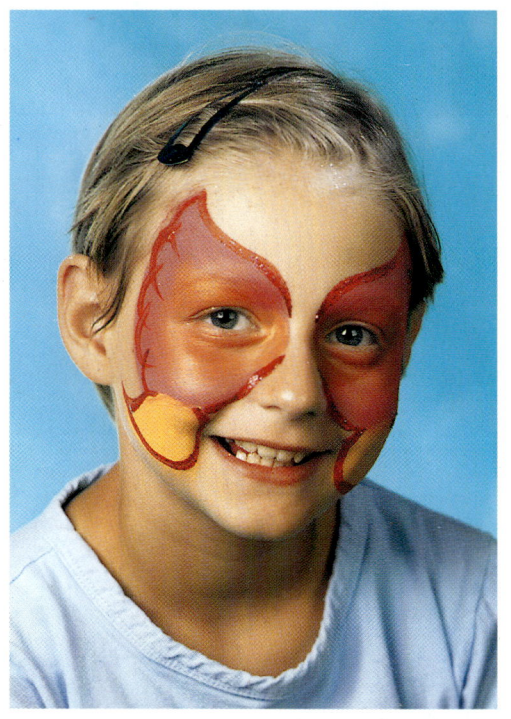

Anleitung
Schritt I
Grundieren Sie mit einem halbierten Schwämmchen die großen Flügel in Orange und Perlglanz-Pink. Die unteren Flügel grundieren Sie mit einem Schwämmchen oder einem Pinsel in Gelb.
Schritt II
Konturieren Sie die Flügel in Hellrot. Streuen Sie Perlmutt-Glitzer auf die Flügel.
Schritt III
Malen Sie den Körper des Schmetterlings in Lila auf. Die rote Kontur umranden Sie nochmals mit Lila. Tragen Sie zur Verzierung des Schmetterlings Streifen in Gelb und Lila auf die Flügel auf. Schminken Sie die Lippen mit Hellpink.

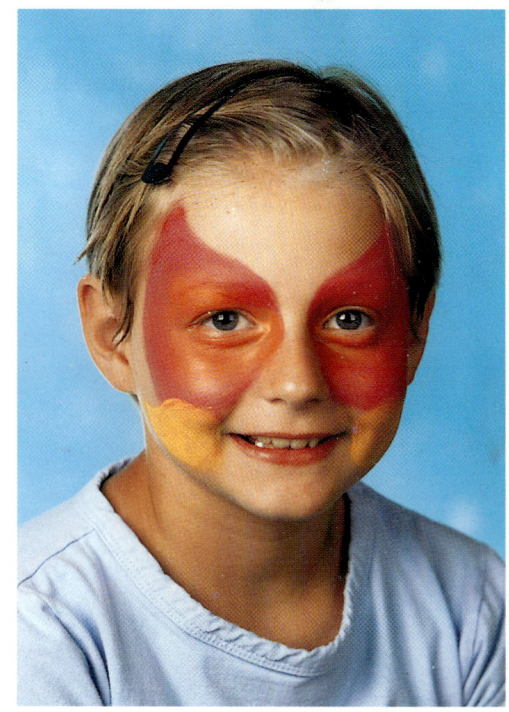

Südseetraum

Material
* Farben in Perlglanz-Pink, Hellpink, Perlglanz-Orange, Perlglanz-Gelb, Perlglanz-Türkis, Weiß, Schwarz, Grün und Braun
* Glitzer in Perlmutt

Anleitung
Schritt I
Grundieren Sie das Gesicht in Streifen, und benutzen Sie dafür von oben nach unten folgende Farben: Perlglanz-Pink, Orange, Gelb und Türkis. Lassen Sie die Farben gut ineinander verlaufen (Wischtechnik).
Schritt II
Tragen Sie auf einer Gesichtshälfte mit Gelb die

Sonne auf. Malen Sie mit Schwarz und Weiß einen Orka-Wal.
Schritt III
Malen Sie mit Grün und Braun eine Palme auf die andere Gesichtshälfte.
Geben Sie Hellpink auf die Lippen. Streuen Sie Perlmutt-Glitzer über das gesamte Gesicht.

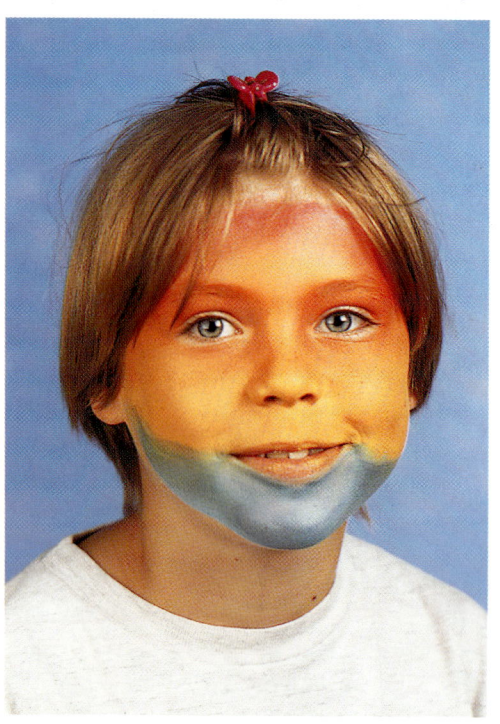

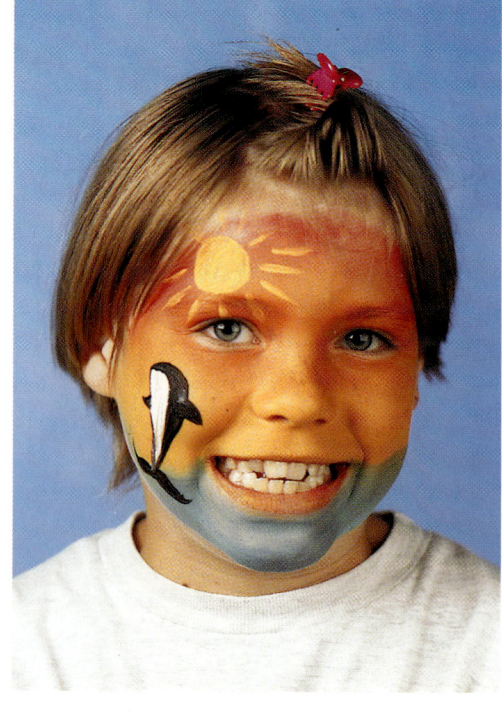

Sommerwiese

Material

* Farben in Perlglanz-Gelb, Perlglanz-Orange, Smaragdgrün, Schwarz und Weiß
* Glitzer in Classic-Gold und Smaragdgrün

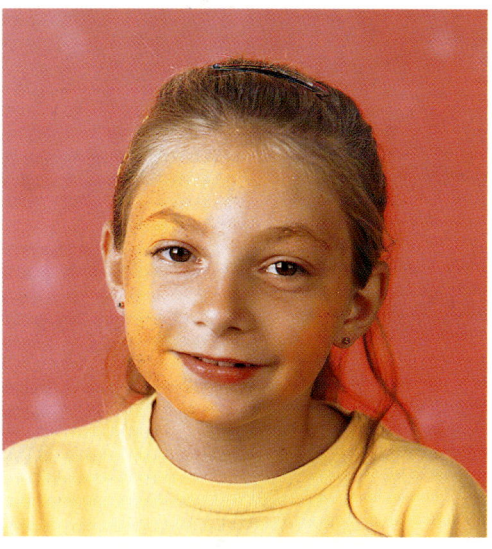

Anleitung

Schritt I

Grundieren Sie mit einem Schwämmchen eine Gesichtshälfte vollständig, die andere nur vom äußeren Augenwinkel bis zur Wangenmitte. Benutzen Sie hierfür Gelb und Orange. Anschließend wird goldfarbener Glitzer aufgestreut.

Schritt II

Tragen Sie nun mit einem Pinsel Gelb für die Blüten auf.der großflächig grundierten Seite auf. Auf die andere Gesichtshälfte malen Sie nebeneinander zwei Punkte für die Biene, zuerst einen kleinen (als Kopf), dahinter einen dickeren Punkt (als Körper).

Schritt III

Verzieren Sie die Blüten mit grünen Blättern. Anschließend tragen Sie ein paar Striche zur Erzeugung von Glanzeffekten in Grün, Gelb und Orange auf. Legen Sie mit schwarzer Farbe die Konturlinie der Biene an und fügen die Flügel in Schwarz und Weiß hinzu. Setzen Sie nun die Glanzeffekte mit Glitzer.

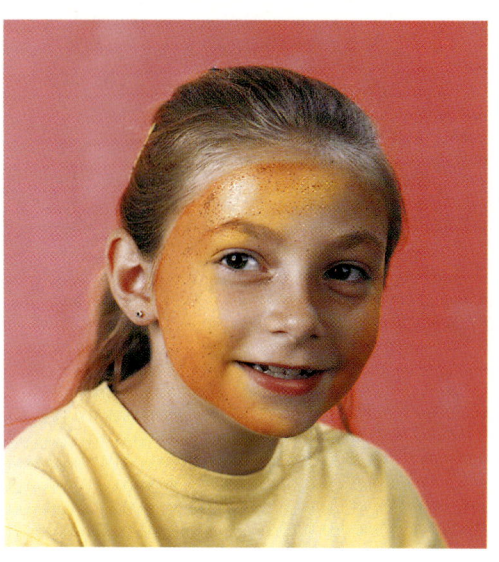

Regenbogen

Material

* Farben in Perlglanz-Pink, Perlglanz-Orange, Perlglanz-Gelb, Smaragdgrün, Saphirblau, Rot und Weiß
* Juwel-Glitzer (mittel und grob)

Anleitung

Schritt I

Tragen Sie mit einem halbierten Schwämmchen von links nach rechts Pink, Orange, Gelb, Grün und Blau so auf, dass die Farben ineinander übergehen. Die Farben decken besser und wirken intensiver, wenn man sie tupfend aufträgt.

Schritt II

Zeichnen Sie mit einem Pinsel auf Stirn und Wangen je einen großen Stern in Weiß.

Schritt III

Tragen Sie nun auf den weißen Stern einen weiteren Stern in beliebiger Farbe auf. Die Lippen malen Sie rot aus.

Streuen Sie Juwel-Glitzer (mittel) auf, und rollen Sie Juwel-Glitzer (grob) mit einem Pinsel auf.

Tipp: Die Maske sieht noch toller aus, wenn auf jede Farbe der entsprechende Glitzer aufgetragen wird.

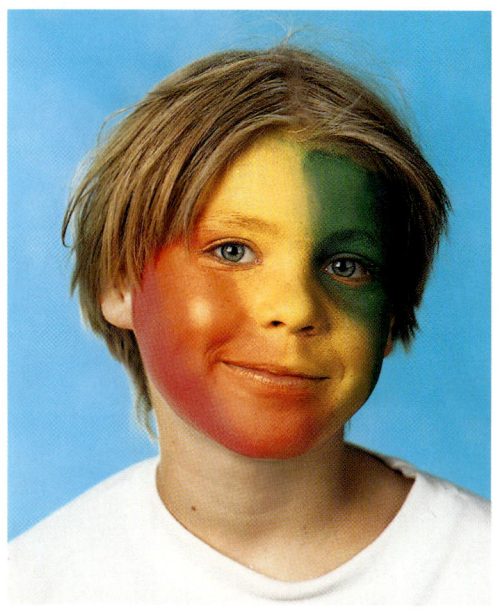

Liebenswerte Bösewichter und schaurig-schöne Gestalten

Spinne

Material
* Farben in Transparent, Perlglanz-Gold, Perlglanz-Kupfer, Schwarz, Weiß und Hellrot
* Juwel-Glitzer (mittel und grob)

Anleitung
Schritt I

Tragen Sie Transparent, Gold und Kupfer mit einem Schwämmchen leicht wischend auf das ganze Gesicht auf. Schminken Sie mit einem Pinsel auf der einen Gesichtshälfte die Basislinien für das Spinnennetz in Schwarz. Tupfen Sie schon jetzt mit einem feuchten Pinsel Juwel-Glitzer (mittel) auf.

Schritt II

Malen Sie die Fäden des Spinnennetzes

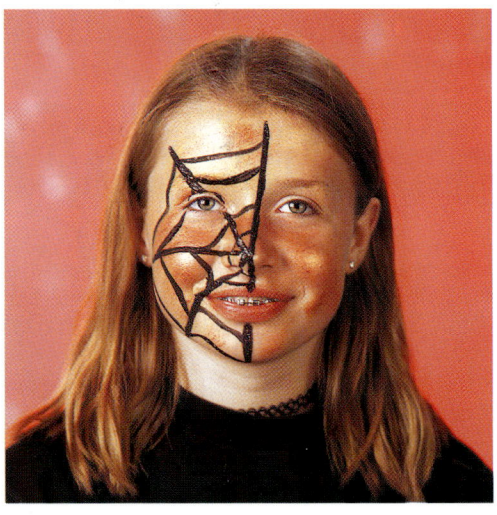

zwischen den Basislinien ein. Da jedes Gesicht anders geformt ist, sollten Sie schon vorher überlegen, wo die Fäden entlang laufen sollen, damit die Linien anschließend nicht kurvig aussehen. Tragen Sie Juwel-Glitzer (mittel) mit einem feuchten Pinsel auf.

Schritt III

Zum Schluss malen Sie auf die andere Gesichtshälfte eine Spinne und verbinden diese mit einem aufgemalten Faden mit dem Spinnennetz. Zeichnen Sie ein weißes Kreuz auf den Rücken der Spinne und malen Sie die Lippen hellrot aus. Rollen Sie mit einem feuchten Pinsel Juwel-Glitzer (grob) auf. Auch die Wangen können Sie nach Belieben verzieren.

Batface

Material

* Farben in Himmelblau, Schwarz und Gelb
* Glitzer in Königsblau und Silber

Anleitung

Schritt I

Grundieren Sie das Gesicht mit einem Schwämmchen in Mittelblau.

Schritt II

Zeichnen Sie mit einem Pinsel und schwarzer Farbe von der Stirn bis zum Kinn eine Fledermaus über das Gesicht.

Schritt III

Nachdem Sie die Lippen schwarz geschminkt haben, tragen Sie mit einem Pinsel oberhalb der Fledermaus auf einer Stirnhälfte einen Mond auf.

Ebenfalls in Gelb malen Sie der Fledermaus Augen und setzen Glanzlichter auf die Flügel. Streuen Sie Glitzer über die Maske.

Gespenst

Material

* Farben in Beige, Grün, Weinrot, Lila und Schwarz
* Zahnwachs

Anleitung

Schritt I

Grundieren Sie mit einem Schwämmchen das ganze Gesicht in Beige. Tupfen Sie dann mit einem fast trockenen Schwämmchen punktuell Grün, Weinrot und Lila auf.

Schritt II

Tragen Sie mit einem Schwämmchen um die Augen Weinrot auf. Zeichnen Sie zunächst mit Weinrot, dann auch mit Schwarz und Lila dünne Fältchen ein.

Schritt III

Mit einem Pinsel bemalen Sie die Lippen schwarz. Auch die buschigen Augenbrauen sowie Falten auf Stirn, um die Augen und um die Lippen tragen Sie mit schwarzer Farbe auf.

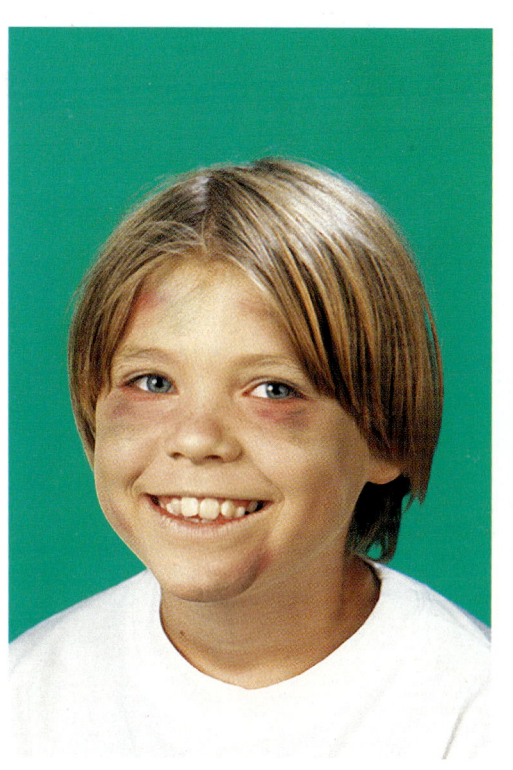

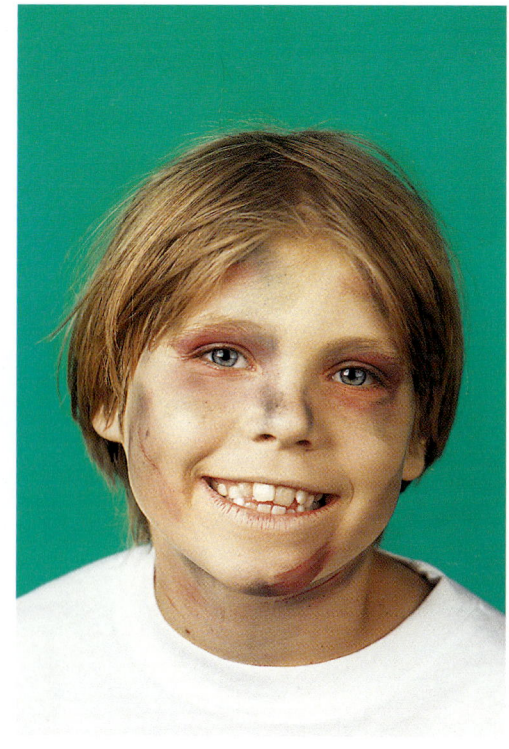

Eishexe

Material
* Farben in Perlglanz-Silber, Perlglanz-Türkis, Perlglanz-Blau und Weiß
* Glitzer in Perlmutt

Anleitung
Schritt I

Grundieren Sie das ganze Gesicht in Silber. Am Gesichtsrand tragen Sie, ebenfalls mit einem Schwämmchen, Türkis auf. Malen Sie die Augen mit einem Pinsel flügelförmig in Blau aus. Streuen Sie Perlmutt-Glitzer auf.

Schritt II

Zeichnen Sie auf Stirn und Wangen übereinander je einen großen Stern in Weiß, Türkis und Blau auf.

Schritt III

Tragen Sie für die Schnörkel an den äußeren Augenwinkeln und auf die Lippen Blau auf. Zum Schluss tupfen Sie Perlmutt-Glitzer mit einem Pinsel auf.

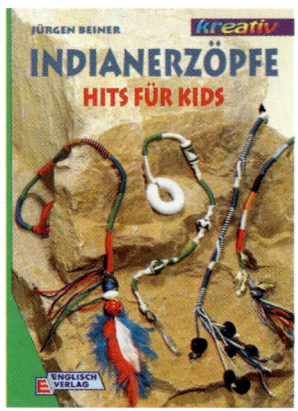